AF331973

ORDONNANCE

DE POLICE,

CONCERNANT l'Illumination de la Ville & Fauxbourgs de Paris.

Du cinq Novembre mil sept cent soixante-dix-huit.

SUR ce qui Nous a été remontré par le Procureur du Roi, que parmi les établissements formés pour concourir au maintien de la sûreté & tranquillité publique, un des plus importants est l'Illumination des Rues pendant la nuit ; que cette partie de l'administration de la Police est une des branches sur laquelle il a été fait des recherches & découvertes plus avantageuses ; qu'elle ne demande qu'à être étendue & faite avec soin & attention, pour être portée au degré de sa perfection ; mais que cet objet d'utilité commune, sur lequel chaque Citoyen semble avoir des droits particuliers, ne peut être bien rempli qu'au moyen de dépenses nouvelles & considérables ; qu'encore qu'elles se multiplient chaque jour par l'agrandissement de cette Capitale, de nouvelles mesures nécessaires & dispendieuses seront employées cet hiver pour assurer davantage aux Habitants leur sûreté & commodité ; que dans ces circonstances, il estime convenable d'assurer l'exactitude de ce service, en renouvellant les dispositions des Ordonnances & Réglements rendus à ce sujet : pourquoi requiert y être par Nous pourvu.

NOUS, faisant droit sur le Requisitoire du Procureur du Roi, ordonnons que les Ordonnances, Arrêts & Réglements concernant l'Illumination de cette Ville & Fauxbourgs, seront exécutés selon leur forme & teneur. En conséquence :

ARTICLE PREMIER.

ENJOIGNONS aux Entrepreneurs de l'Illumination, leurs Commis & Préposés, de veiller avec le plus grand soin à ce que les Lanternes soient bien nettoyées, & le service fait avec toute l'exactitude possible.

ART. II. Ordonnons que les petites Rues trop étroites pour recevoir la clarté de la Lune, & qui seront par Nous indiquées auxdits Entrepreneurs, leurs Commis & Préposés, seront éclairées toutes les nuits indistinctement pendant l'hiver ; voulons que les Lanternes de toutes les autres Rues soient disposées de maniere à pouvoir être allumées également pendant la Lune, lorsque par des nuages ou brouillards l'effet en sera intercepté.

ART. III. Enjoignons aux Inspecteurs & autres Officiers de Police, aux Officiers & Soldats du Guet & de la Garde qui appercevront pendant la nuit des Lanternes éteintes avant les heures ordonnées, de se transporter au plus prochain des cinq Dépôts indiqués dans le Tableau de l'Illumination, à l'effet d'avertir le Commis de Garde, qui fera tenu de rallumer fur le champ lefdites Lanternes, & ce fous telles peines qu'il appartiendra.

Art. IV. Faifons défenfes à toutes Perfonnes de quelque qualité & condition qu'elles foient, de rien jetter fur les Lanternes qui puiffe les brifer ou les falir. Enjoignons aux Cochers, Voituriers, & tous autres Conducteurs de voitures & chevaux, de s'arrêter lorfque les Prépofés de l'Illumination feront occupés à nettoyer ou allumer les Lanternes, & qu'il n'y aura pas un efpace fuffifant dans la rue pour paffer, fans rifquer de les endommager. Leur défendons en outre, & à tous autres, de troubler le fervice de l'Illumination en aucune maniere, & fous quelque prétexte que ce foit, à peine de trois cents livres d'amende, dont les Peres & Meres feront refponfables pour leurs Enfants, & les Maîtres pour leurs Domeftiques.

Art. V. Mandons aux Commiffaires au Châtelet, & enjoignons aux Infpecteurs & Officiers de Police, du Guet, de la Garde, & à tous autres qu'il appartiendra, de tenir la main à l'exécution de la préfente Ordonnance, qui fera imprimée, lue, publiée & affichée dans cette Ville & Fauxbourgs, & par-tout ailleurs où befoin fera.

Ce fut fait & donné par Nous JEAN-CHARLES-PIERRE LE NOIR, Chevalier, Confeiller d'Etat, Lieutenant Général de Police de la Ville, Prévôté & Vicomté de Paris, le cinq Novembre mil fept cent foixante-dix-huit.

LE NOIR.   MOREAU.

Morisset, *Greffier.*

L'Ordonnance ci-deſſus a été lue & publiée à haute & intelligible voix, à Son de Trompe & Cri public, en tous les lieux & endroits ordinaires & accoutumés, par moi, Philippe Rouveau, Huiſſier à Verge & de Police au Châtelet de Paris, & ſeul Juré-Crieur ordinaire du Roi, & des Cours & Juriſdictions de la Ville, Prévôté & Vicomté de Paris, y demeurant rue Aubry-le-Boucher, au Vaſe d'or, vis-à-vis Saint Joſſe, ſouſſigné, accompagné de Claude-Louis Ambezar, Jean-Louis Ambezar & Antoine Ambezar, Jurés Trompettes, le 7 Novembre 1778, & affichée ledit jour eſdits lieux & autres où beſoin a été, à ce que perſonne n'en prétende cauſe d'ignorance. Signé, ROUVEAU.

L. F. DELATOUR, Imprimeur de la Police. 1778.